Género No ficción

I0794927

¿? Pregunta esencial

¿Por qué tenemos días festivos?

El Día del Trabajo

Francine Thompson

LECTURA COMPLEMENTARIA ¡Celebramos a los árboles! 13

Mira el calendario. Es el primer lunes de septiembre.

¡Es el Día del Trabajo!

En otros países, como México, el Día del Trabajo se celebra el 1 de mayo.

Muchos niños trabajaban en fábricas como esta. Algunos tenían menos de diez años.

¿Sabes por qué existe el Día del Trabajo? Es un día para dar gracias a los trabajadores.

Hace mucho tiempo, los trabajadores no recibían un trato justo. Tampoco se respetaban sus derechos.

AHORA COMPRUEBA

¿Por qué existe el Día del Trabajo?

Hoy, en nuestra nación esto no ocurre. Existen leyes para proteger a los trabajadores. Algunas leyes son especiales para los niños, pero no fue fácil crear estas leyes.

Ahora no se permite que los niños trabajen. Sólo deben ir a la escuela.

Los cascos de seguridad sirven para proteger a los trabajadores.

Detective del lenguaje ¿Qué palabra une las dos oraciones subrayadas?

Los trabajadores nos ayudan todos los días.

El Día del Trabajo es un día para pensar en los trabajadores.

Pero también es un día para divertirse. ¡Vamos a celebrar!

En muchas ciudades hay desfiles. ¿Has ido a alguno? ¡Son extraordinarios!

Hay banderas, globos, bandas de música y payasos.

AHORA COMPRUEBA

¿Qué puedes ver en un desfile del Día del Trabajo?

Los desfiles son muy coloridos.

La música es una buena excusa para pasar el día en familia.

En algunas ciudades se organizan conciertos. Toda la familia puede ir a divertirse.

Detective del lenguaje

¿Qué palabras de esta página comienzan con mayúscula?

Es un día completo de fiesta. Muchos van al parque. Disfrutan de la luz del sol.

¡Comer al aire libre es una idea excelente!

Esta familia se reúne a platicar.

Después de comer, es hora de relajarse un poco. Más tarde podemos jugar.

¡Y con energía extra!

¿Quieres proponer un juego?

Algunas familias pasan este día en la playa.

¿Qué harás con tu familia el próximo Día del Trabajo?

AHORA COMPRUEBA

Menciona algunas maneras de celebrar el Día del Trabajo.

En el Día del Trabajo, los trabajadores descansan en familia.

Guarda tus juguetes.
¡Es hora de volver a estudiar!

El Día del Trabajo marca el final del verano.

Un nuevo año escolar está por comenzar. ¡Mucha suerte!

Respuesta a la lectura

Volver a contar

Vuelve a contar *El Día del Trabajo* con tus propias palabras.

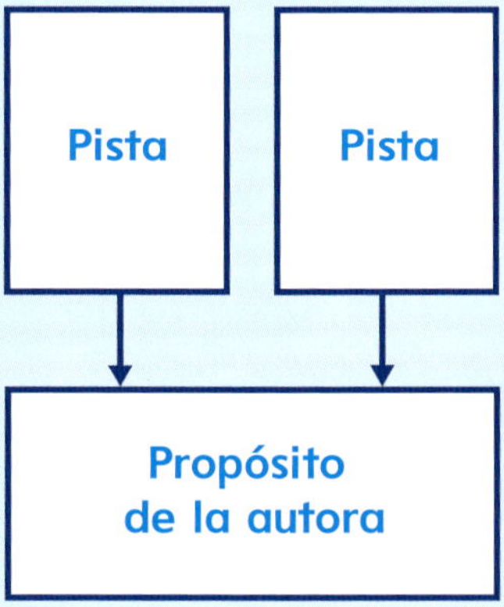

Evidencia en el texto

1. ¿Por qué la autora escribió este libro? **Propósito de la autora**
2. ¿Por qué la autora incluyó la fotografía de la página 5? **Propósito de la autora**
3. ¿Cómo sabes que *El Día del Trabajo* es un texto de no ficción? **Género**

Género **No ficción**

Compara los textos

Lee para aprender acerca de otro día festivo que se celebra en Estados Unidos.

¡Celebramos a los árboles!

El Día del Árbol es un día festivo especial para los árboles. Los árboles ayudan a mantener el planeta sano.

Clave

Primer Día del Árbol

Estados que celebran el Día del Árbol

Este día fue creado en Nebraska en 1872. Hoy en día, se celebra en todos los estados. Cada estado elige la fecha. Suele ser el momento del año que siembran árboles en cada sitio.

Muchas personas plantan árboles y flores. ¡Sí! ¡Todos podemos cuidar el planeta!

Hacer conexiones

¿Por qué es importante celebrar el Día del Trabajo y el Día del Árbol?

El texto y otros textos

Enfoque:

Estudios Sociales

Propósito Aprender sobre los trabajadores que nos ayudan

Paso a paso

Paso 1 Piensa en trabajadores que conoces y cómo te ayudan.

Paso 2 Haz una tabla como esta y complétala.

Trabajadores	¿Cómo me ayudan?

Paso 3 Dibuja a alguna de las personas de tu tabla. Escribe algunas oraciones acerca de esa persona.